Hiltrud Schinzel

Aphorismen 2023

Aphorismen

Cover Entwurf und alle Zeichnungen von Autorin
Cover: Bleistiftzeichnungen 2021, rot umrandet
Im Text: 18 Tuschzeichnungen unterschiedlichen Datums

Herstellung und Verlag: BoD – Books on Demand, Norderstedt

ISBN: 978-3-757852214

Das Große liegt im Kleinen verborgen

Paul Watzlawick

Dies ist mein zweiter Geh-Versuch in der Aphoristik. Im Unterschied zum ersten, 2022 veröffentlichten Büchlein basieren die hier neu hinzu gekommenen Aphorismen nun nicht mehr vornehmlich auf eigenen Einfällen, sondern integrieren Denkanstöße der Feedbacks einiger Leser. Besonders zu erwähnen ist der Aphoristiker Jürgen Wilbert. Unter vielen anderen Anregungen hat seine Definition des Aphorismus Eingang in meine Praxis gefunden. Außerdem wurden einige Aphorismen der ersten Fassung Denkerweiterungen durch LeserInnen angepasst. Die alphabetische Reihenfolge wurde durch ein Stichwortregister und 18 Tuschzeichnungen ergänzt. Alle Gespräche zu Inhalt wie Form für *Aphorismen 2023* bereicherten mich. Neben beidseitiger Aufklärung gab es Freude am Gemeinsamen wie auch Erstaunen über die Breite des Unterschiedlichen im Verstehen wie Interpretieren von Wort, Bild und Welt.

Herzlichen Dank für alle unterstützenden Anregungen und viel Lesevergnügen wünscht

Hiltrud Schinzel

Sei (k)ein Frosch und denk mal andersrum

Der geflügelte Frosch

A

Wer **A**ccessoires zum Lebensinhalt macht, steht über Nacht nackt da

Jeder **A**ggressor tarnt sich gern als Bedrohter

Die Renditen des **A**lkohols sind „weiße Mäuse"

Die Methode das Neue zu verfolgen, um dem **A**lten zu entrinnen, funktioniert nicht, weil das Alte immer im Neuen drinsteckt

Im **A**lter wird die Hoffnung vom Vergessen abgelöst

Der Mensch ist nicht aus „**A**ltruismus Zellen" zusammengebaut

Ambition und Hysterie marschieren im Gleichschritt

Wer nur **A**müsement kennt, besäuft sich am eigenen Geschwätz

Nur der **A**ngepasste bekommt den Verdienstorden

Die **A**rmut der Dicken ist nicht überzeugend

Das Geschäftsmodell **A**rroganz ist überholt

Die **A**rtefakte der Moderne sind die Ruinen zerbrochener Träume

Das **A**uge braucht keine Worte

Die **A**ugen des Sorglosen blicken selbst erwachsen infantil, der Blick des schutzlosen Kindes ist greisenhaft

Der **A**vatar: ein Perspektivsystem für Illusionen

B

Ein Virus hat keine Bankverbindung

Bescheidenheit gilt immer nur für die anderen

Ein gesundes Unwissen schützt nicht vor Besserwisserei

Seit Betrug die Welt regiert, werden alle moralisch

In der Bewegung fällt einem etwas ein, in der Ruhe fällt man selbst ein

Da der Mensch durch sein Bewusstsein gesegnet oder verflucht ist, kann sich auch der destruktive Charakter an der Sinngebung des eigenen Lebens erfreuen.

Beziehungsalltag: sie bleibt in ihn verliebt und er bleibt in sich verliebt – oder umgekehrt

Ein Bild macht das 3-Dimensionale wohnfähig

Blut ist dicker als Wasser aber definitiv dünner als Geld

Wer alles **B**öse aus seinem Leben streichen will, kann gleich auf den Friedhof ziehen

Man glaubt an das **B**öse, weil man das Gute nicht anerkennen will

Das **B**öse erkennt nur, wer es selbst in sich trägt

D

Wer nicht **d**anken kann, kann auch nicht hoffen

Das Schöne an der **D**emokratie: Wenn man nichts zu verlieren hat, kann man sich immer noch eine Meinung erlauben

Wenn dich einer in seinen **D**enkkäfig stecken will, hau hab, so schnell du kannst

Keiner hat mehr Angst bestohlen zu werden als der **D**ieb

Ob **D**ino oder Vir, alle sterben an der Gier

Diktatur kann tödlich sein, Demokratie eher nervtötend

Der Wähler muss in **D**iktaturen so lange umworben werden, bis man ihn in den Krieg schicken kann

Man kann nicht gescheiter werden, bevor man erkannt hat, wie **d**umm man ist

Das Ende der **D**ummheit ist der Tod – leider meist der der anderen

Menschliches Vertrauen in die eigene Dummheit ist unerschütterlich

Ein Durchblick ist immer etwas „Hübsches", vor allem wenn man ihn nicht hat

E

Einsamkeit endet im Ignorieren dessen, was andere als Lebensinhalt betrachten

Desinteresse am Du bedeutet Einsamkeit im Ich

Eleganz ist angenehmer als Brutalität, solange man es nicht mit einem Tartuffe zu tun hat

Eltern sind naturgemäß immer eine Generation zu spät

Die Endgültigkeit des Punkts am Ende eines Satzes beschränkt die Freiheit der gedanklichen Fortsetzung

Entschuldigungen dienen oft als Feigenblatt, um Fehler zu wiederholen

Enttäuschung ist die „Aufklärung" der Jetztzeit

Die Devise: *je weniger Erfolg, desto mehr Gepluster* ist in der Politik gefährlich

Die **E**rinnerung ist so manipulativ, dass ihr Agieren oft Tatsachen zu handfesten Lügen mutieren lässt

Eine aus Profitgier zusammengebastelte **E**thik zahlt sich aus

Euthanasie ist der Glaube, man könne der Angst vor dem Tod nur durch Selbsttötung begegnen

Gut Ding will Weile, schlecht Ding **E**wigkeit

Wenn **e**xtreme Ansichten nicht mehr unterscheidbar sind, hat man nur mehr die Wahl zwischen tödlichem Hass und gemeinsamer Zukunft

F

Eine **F**älschung kann die Häßlichkeit des Originals verdeutlichen

Es sind die **F**ehler, die Kreativität am nachhaltigsten forcieren

Man kann nicht wissen, was ein **F**ehler ist, wenn man ihn nicht gemacht hat

Nur wer menschliches **F**ehlverhalten kennt, unterstellt es nicht jedem

Wenn man sich wichtig machen will, kann der Propagandaeffekt von **F**eindschaften nützlich sein

Nur in der Geometrie zentriert ein **F**luchtpunkt, die Buckelwege der Illusionen bündelt er nicht

Leben **F**rauen länger als Männer, weil sie mehr aushalten oder mehr haushalten?

Frei ist nur der Neidlose

Je mehr wir reden, desto weniger **f**ühlen wir

G

Das kollektive **G**edächtnis ist ein unlösbares Puzzle individueller Wahrnehmungen

Das **G**ehirn ist ein feuerspeiender Drache: sein Schnauben raubt uns den Schlaf

Was **G**eld bedeutet, erfährt man nur, wenn kann keins hat

Das schnelle **G**eld bringt langes Elend

Geldgier und Nationalismus sind eineiige Zwillinge

Gegenüber der **G**eldgier hat die Vernunft keine Chance

Die Leute haben lieber Geschenke als **G**erechtigkeit

Wenn jeder **G**eschichte schreibt, wird das Papier knapp

Oft sind **G**eschichten Mogelpackungen unangenehmer Wahrheiten

Für viele bedeutet der eigene **G**esichtsverlust mehr, als dass andere dabei
den Kopf verlieren

Die **G**ewohnheit frisst den Genuss

Man **g**ibt lieber dem, der hat, als dem, der braucht. Daher hat die Charity
Party Erfolg.

Nichts ist so ernst, wie die **G**ier es machen möchte

Glaube bedeutet dem Nichtverstehen einen Sinn geben

Großzügigkeit verlangt man von den Armen, Geiz bewundert man bei den
Reichen

Der **G**ürtel ist nur in Mode, wenn man ihn enger schnallen muss

H

Hass ist Verliebtheit andersrum

Jedes System erzeugt Heuchler und Helden, manchmal in einer Person

Wenn man Gott spielen will, muss man auch den Himmel als Reservetruppe haben

Hoffnung ist etwas Hübsches, solange sie nicht in Erwartung umkippt

Humor kommt aus der Träne, Spott aus dem Neid

In schlechten Zeiten braucht man Humor. Nur in guten Zeiten kann man Ernst ertragen.

Hyperaktionismus camoufliert sowohl Dummheit als auch böse Absicht

Hysterie macht aus der Erinnerung einen Negativabzug

I

Das Ideale kennt keine Entwicklungsprobleme

Wer seine Ideale nicht sterben lassen kann, wird von ihnen lebendig
begraben

Die Verschulung der Gesellschaft gelingt übers Internet, denn da kann man
dem Abfragen der Werbung im Befehlston nicht entgehen

Isolation kann aus Kommunisten Faschisten machen, die meisten Leute
macht sie aber nur verrückt

J

Viele Leute denken 19-jahrhundertmäßig, obwohl sie seit 23 Jahren im 21.
Jahrhundert angekommen sind

K

Keine wissenschaftliche Beschreibung ist so passend wie eine **K**arikatur

Klug ist man nur wenn man muss

Klugheit und Schlauheit schließen sich aus

Das Gelingen von **K**ommunikation setzt voraus, dass man die Vorurteile anderer erahnt

Konsument und Narzisst beziehen alles auf sich

Korruption ist ein Schuldschein ohne Rückgaberecht

In der menschlichen Frühzeit führte der Überlebenswille zum Wettbewerb – heute führt die **K**onkurrenz zum Überlebenskampf

Der eine wird **k**rank vom Arbeiten, der andere macht sich krank mit Nichtstun

Die Gottesfrage ist für die **K**reativität irrelevant, außer man nimmt an, dass Gott aus Neugierde „herumschöpferte"

Man zettelt Krieg an, um wirtschaftliches Interesse via Patriotismus zu vertuschen

Solange Übergewicht und Magersucht aber nicht Verhungern Themen sein können, kann das Wort Krise als inflationär empfunden werden

Aus Begeisterung, kritisieren zu können, vergisst man gern, die Realität zu sehen

Kunst macht man allein, ohne dabei einsam zu sein

Kunst ist die Flucht der Emotionen vor der Beweislast der Wissenschaft

Nur dem Künstler ist es erlaubt, am Baum der Erkenntnis zu sägen

Die Kommerzkunst zeichnet sich durch besonderes Langweilen aus

Die Kunst zeigt die Wunder und damit heilt sie sie

Kunst ist Münchhausen's Zopf für jedermann

L

Lamentieren lässt sich nur durch ein echtes Problem abstellen

Larmoyanz aus Langweile kann epidemisch werden

Selbst schlechte Laune muss man sich leisten können

Das Leben ist keine Rechenaufgabe, wofür eine Statistik Problemlösungen zaubern kann

Lerne das Leben zu ertragen, ohne es für andere unerträglich zu machen

Obwohl jeder seinem Leben einen Sinn geben kann, hat noch niemand den Sinn des Lebens herausgefunden

Wenn man nur mehr das Leben zu verlieren hat, kann man hart verhandeln

Das Leben ist eine Reise ohne Rückversicherung

Das Leben ist ein Puzzle, das allein der Tod vervollständigt

Das Prinzip des Lebens ist, den anderen zu fressen, dabei muss der aber nicht notwendigerweise umgebracht werden

Die Liebe dauert immer nur einen Augenblick, die Fürsorge hält ewig, wenn man sie denn kennt

Er liebt mich nicht: er lügt nur gegen und nicht für mich!

M

In der globalen **M**arktwirtschaft zerstören nationalistische Regierungsformen früher oder später sich selbst - allerdings mit enormen Kollateralschäden

Für den **M**aterialisten bedeutet Frau wie Kind Besitz, Dekor und Pflege im Alter

Das Recht auf **M**einungsäußerung bedeutet nicht, dass eine Meinung Recht bekommt

Es ist schwerer eine festgelegte **M**einung aufzubrechen als auf etwas Unbekanntes zu reagieren

Als der **M**ensch die gerade Linie erfand, gab er die Schönheit zugunsten des Nutzens auf

Nur der empfindsame **M**ensch kann resilient sein oder werden

Der **M**ensch ist das einzige Lebewesen, das sich von seinen eigenen Erfindungen tyrannisieren lässt

Großzügige **M**enschen sind selten bestechlich, geizige schon

Man wird einen **M**enschen nie kennenlernen, solange man ihm die eigenen Fehler und/oder die eigenen Tugenden unterstellt

Gesunder **M**enschenverstand bedeutet die Balance zwischen Vorurtei und Besserwissen zu finden

Der **m**enschliche Primat liebt es, sein Revier mit Abfall zu markieren, insbesondere mit Kriegsabfall

Der **M**isanthrop ist erst dann glücklich, wenn er alle Freu(n)de aus seinem Leben rausgeekelt hat

In Familie wie Demokratie muss **M**ut bestraft werden

N

Der **N**arzisst verlangt zu viel von anderen und zu wenig von sich selbst

Neid: Man möchte, was man, wenn man es wirklich hätte, nicht mögen würde.

Der **N**eid ist der Vater allen Handelns

Mancher macht aus **N**ichts Vieles, mancher Vieles zu Nichts

Wenn es opportun ist, kann selbst der **N**ihilist eine Einstellung aus dem Hut zaubern

Die **N**ormalen akzeptieren das Verrückte in der Welt

O

Der **O**rden ist ein Trostpflaster für Veteranen – der Gefallenen wie der Überlebenden und das nicht nur im Krieg

P

Für Menschen, die den Zahnarzt fürchten, ist eine **P**andemie gewöhnungsbedürftig

Pandemisch aufgedeckter Defekt: Ein typisch menschliches Verhalten ist, genau das zu tun, was „gegenzweckmäßig" ist.

Panik ohne Konsequenzen ist vollkommen sinnlos

Das **P**aradies ist dort, wo man es wahrnehmen kann

Pathos ist nie elegant

Pessimismus ist eine Sackgasse

Die **P**hantasie macht aus einem Staubkorn ein Universum

Die **P**hilosophie begnügt sich mit Worten, auch wenn Taten gefragt sind

Die **P**olitik glaubt die Leute für die nächste Wahl mit Wiegenliedern einlullen zu können und züchtet dadurch infantil-reaktionäres Verhalten

Politische Gipfel: Modeschauen mit sehr schlechtem Geschmackniveau
aber guten Geschäften

Ein Preis spiegelt nicht die Qualität der Sache, sondern die Dummheit der
Leute, die sie erwerben

Die Presse lebt von dem Bedürfnis nach Aufmerksamkeit und wird selbst
dessen Opfer

Sogenannte Privilegien stammen letztendlich immer von Raubrittertum und
Betrug

Nur unlösbare Probleme können den homo sapiens zu etwas
vernünftigerem Handeln zwingen

Selbst die größten Provokationen lässt die Geschichte zu armseligen
Albernheiten schrumpfen

Q

Quantität schluckt nicht nur die Qualität, sondern auch die Vernunft

R

Ratschlag: „Damit kann meine Amygdala nichts anfangen" klingt höflicher als „Was soll der Blödsinn"

Die meisten Menschen wollen über sich reden – **ohne R**atschläge als Feedback!

Die Realität kann die Vorfreude nie einholen

Reisen bildet - heutzutage vor allem Viren

Nur die Replik führt zur Unendlichkeit

Restauratoren sind die Verteidiger der verlorenen Kriege gegen die Zeit

Rücksicht ist wichtiger als Vernunft

S

Zwischen **S**agen und Sein liegt die Welt

Das **S**cheitern ist der Kern der Zukunft

Schicksalsgemeinschaft führt eher zu gemeinsamen Rachegefühlen als zu Solidarität

Vom **S**chimpfen zum Jammern ist es nur ein Schritt

Wenn der **S**chlaue den Klugen austricksen will, klingt alles zweideutig

Welchen Sinn hätte **S**chönheit ohne Begrenztheit?

Manchmal muss man an einer **S**chraube ziehen und nicht drehen (dixit Silke)

Wer behauptet, keine **S**chuld zu kennen, verpasst die Chance sich zu entschuldigen

Nur der **S**chwache braucht das Überlegenheitsspiel

Um jemand wirklich zu mögen, muss man seine Schwächen kennen

Selbstbestimmtheit ohne Disziplin ist wie Herz ohne Rhythmus

Sicherheit, die auf Kosten anderer basiert, kann nicht funktionieren

Soziale Sicherheit lässt den Verstand einschlafen

Es macht Sinn, das zu schätzen, was man „noch" und nicht, was man „nicht mehr" hat

Zur Skrupellosigkeit gehört ein gehöriges Maß an Dummheit

Sparen ist ein Ableger der Verschwendung

Die künstliche Linse macht einem das Spiegelbild nicht deutlicher

Die Spirale der Illusion stellt sich im Zeitdiagramm als Wellenbewegung heraus

Spott soll immer von eigenen Defekten ablenken

Statistiken könnten beweisen, dass es einfacher ist eine Tragödie im
Wohnzimmer zu schreiben als eine Komödie im Flüchtlingscamp

Die Stimme der Vernunft wird meist verspottet

Die schlimmste Strafe für den Sünder ist das Verzeihen

Nicht immer gelingt die Umwandlung einer Struktur in eine Regel

T

Langsame Tage sind prall voller Leben, gehastete huschen wie Phantome vorbei.

Die moderne Technologie macht es möglich, dass der Dilettantismus die Welt überschwemmt

Termindruck erzeugt man nicht aus Zeitmangel, sondern um zu erpressen

Wer einmal mit dem Testament-machen anfängt, kann nicht mehr damit aufhören

Seit der Tod ein Tabu ist, haben Krimis Hochkonjunktur

Der Tod ist der einzig wahre Kommunist

Der Tod ist nicht unsympathisch: Obwohl er nie geliebt wurde, ist er der unbestechlichste Weggefährte

Ein Vorteil der Toten ist, dass man das, was zu Lebzeiten an ihnen gestört hat, ausblenden kann

Der Tourismus lebt von der Annahme, der Mensch wäre eine Heuschrecke, aber nicht jeder will einsehen, dass er selbst dies zur Wahrheit werden lässt

Mit der griechischen Tragödie wurde die Horrorfantasie salonfähig

Traurig ist, wenn man die eigene Dummheit unterschätzt, tragisch, wenn man die anderer überschätzt

Je mehr einer über Tugend schwadroniert, desto mehr Laster hat er zu vertuschen

U

Übertreibung endet im Exitus

Unglück erzwingt manchmal Nachdenken, Glück plätschert meist in
Oberflächlichkeit

Denen wir Unrecht tun, verzeihen wir das nie

Utopien sind nötig, um destruktive Realitäten zu bewältigen

V

Wer **v**ergangene Handlungen und Objekte kritisiert, vergisst gerne, dass sie nicht der Gegenwart entsprechen können

Die **V**ergangenheit kann einem von niemandem gestohlen werden außer vom eigenen Gedächtnis

Man kann in der **V**ergangenheit nur erkennen, was man in der Gegenwart fühlen kann

Die **V**ergangenheit verhält sich wie Plastik: man wird sie nicht los, aber sie verändert ihre Qualität und ihr Aussehen

Vergleiche ziehen passt für Orientierungslose

Genau genommen kann man nur **v**ergleichen, was identisch ist

Unser **V**erstand ist zu langsam für die schnellen Werkzeuge, die er geschaffen hat

Es gibt nur Schnittstellen des **V**erstehens, kein universelles

Ohne **V**ertrauen kann man nicht leben. Allerdings ist es schwer, Vertrauensbrüche zu überleben.

Eigene Fehler wiederholt man aus **V**ertrautheit

Das **V**erzeihen darf nicht im Vergessen enden

Das Einzige, was man im Laufe des Lebens zu verstehen lernen kann, sind die eigenen **V**orurteile

W

Wahrheit ist meistens beleidigend

Jede Wahrheit hat ein Ablaufdatum

Wahrheit ist die Lüge, die man selbst am liebsten glaubt

Simple Wahrheit wird gerne unter tausenden von irrelevanten Details begraben

Wem die Wahrnehmung fehlt, dem bleibt nur die Zahl

Zwischen Fernblick und Nahblick versteckt sich die Wahrnehmung

Alles war möglich in den schönen Tagen, bevor die Wahrscheinlichkeitsrechnung erfunden wurde

Der Weg zum Ideal scheut den Umweg der Gefühle

Weisheit darf nicht teuer sein, vor allem in Krisenzeiten

Heute sehen wir alles im **W**eitwinkel – teils aus Sehnsucht, teils aus Gier: die Sehnsuchtsgier

Für den, der nichts weiß, steht die **W**elt sperrangelweit offen

Leute, die die **W**elt verbessern wollen, scheitern privat gerne am Schnürsenkel

Man versteht die **W**elt meist nicht nur aus eigener Perspektive, sondern auch zu den eigenen Gunsten

Der Mensch verschläft mal wieder den **W**eltuntergang

Werte sollte man definieren können, bevor man sie propagiert

Das Gesetz des **W**ettbewerbs: Kämpfen, bis der Gewinner alles hat und ihn die Einsamkeit erstickt

Der **W**ettbewerb spekuliert mit David-Goliath-Erfolgen, ist aber auch der Schlauheit des Odysseus verpflichtet

Der **W**ettbewerb ist der Vater aller Kriege, aber nicht aller Dinge

Dass es **w**ichtiger ist, zu tun, was man will, als zu haben, was andere auch haben wollen, erkennt man meist zu spät

Wenn man nicht bekommt, was man **w**ill, sollte man sich einbilden, dass man will, was man bekommt

Man kann machen, was man **w**ill, solange man noch wollen darf, was man kann

Wer sein Fähnchen nach dem **W**ind dreht, bekommt (früher oder später) Drehschwindel

Die einen **w**issen nicht, was sie tun, die anderen nicht, was sie tun sollen

Was nützt alles **W**issen, wenn die Gier seine sinnvolle Anwendung verhindert?

Auf dem Weg vom **W**issen zu seiner Bedeutung liegen die Stolpersteine des Bewusstseins

Mein **W**issen ist die Summe meiner Fehlversuche

Die **W**issenschaft macht Graphiken, ohne die Regeln der formalen Ästhetik gelernt zu haben

Wissenschaft ohne Einfühlung ist schamlos

Nur was **w**issenschaftlich korrekt ist, kann mit Erfolg manipuliert werden

Auch der einsame **W**olf braucht einen guten Zahnarzt

Das **W**ollen kann das Können überrollen

Dem **W**ort glaubt keiner mehr ein Wort

Erst wenn sie erfüllt sind, bekommt man seine wahren **W**ünsche zu spüren

Z

Seit der Einführung der **Z**ahl hat man sich zum Zählen verurteilt = im Gefängnis der Striche

In der Welt der **Z**ahl wird die Null überbewertet

In der Welt der **Z**ahlen geht es ums Be-Zahlen

Die Abstraktion des Lebens ist die **Z**eit

Nur der Hilflose glaubt an **Z**erstörung

Der **Z**ocker ist nur mutig in der Scheinwelt des Spiels. Bei echter Gefahr wird er ängstlich.

Der **Z**ufall ist vertrauenswürdiger als menschliche Dummheit, die eigene eingeschlossen

Die **Z**ukunft ist nur als gefühltes Risiko erahnbar

Bild
Blut
Böse

D S. 11 - 12
Danke
Demokratie
Denkkäfig
Dieb
Diktatur
Dino
Dumm
Durchblick

E S. 13 - 14
Einsamkeit
Eleganz
Eltern
Endgültigkeit
Entschuldigung
Enttäuschung
Erfolg
Erinnerung
Ethik
Euthanasie
Ewigkeit
Extrem

F S.15
Fälschung
Fehler
Fehlverhalten
Feindschaft
Fluchtpunkt
Frauen
Frei
Fühlen

G S. 16 - 17
Gedächtnis
Gehirn
Geld
Gerechtigkeit
Geschichte
Gesichtsverlust
Gewohnheit
Geben
Gier
Glaube
Großzügigkeit
Gürtel

H S. 18
Hass
Held
Himmel

Hoffnung
Humor
Hyperaktionismus
Hysterie

I S. 19
Ideales
Internet
Isolation

J S. 19
Jahrhundert

K S. 20 -21
Karikatur
Klug
Kommunikation
Konsument
Korruption
Konkurrenz
Krank
Kreativität
Krieg
Krise
Kritik
Kunst

L S. 22 - 23

Lamentieren
Laune
Leben
Liebe

M S. 24 - 25
Marktwirtschaft
Materialist
Meinung
Mensch
Misanthrop
Mut

N S. 26
Narzisst
Neid
Nichts
Nihilist
Normal

O S. 26
Orden
Ordnung

P S. 27 - 28
Pandemie
Panik
Paradies
Pathos

Pessimismus
Phantasie
Philosophie
Politik
Preis
Presse
Privileg
Probleme
Provokation

Q S. 29
Quantität

R S. 29
Ratschlag
Realität
Reisen
Replik
Restauratoren
Rücksicht

S S. 30 - 32
Sagen
Scheitern
Schicksal
Schimpfen
Schlau

Schönheit
Schraube
Schuld
Schwach
Selbstbestimmtheit
Sicherheit
Sinn
Skrupellosigkeit
Sparen
Spiegel
Spirale
Spott
Statistik
Stimme
Strafe
Struktur

T S. 33 - 34
Tage
Technologie
Termindruck
Testament
Tod
Tourismus
Tragödie
Traurig
Tugend

U S. 35
Übertreibung
Unglück
Unrecht
Utopie

V S. 36 - 37
Vergangen
Vergleich
Verstand
Vertrauen
Verzeihen
Vorurteil

W S. 38 - 41
Wahrheit
Wahrnehmung
Wahrscheinlichkeitsrechnung
Weg
Weisheit
Weitwinkel
Welt
Werte
Wettbewerb
Wichtig
Wille
Wind
Wissen

Wissenschaft
Wolf
Wollen
Wort
Wünsche

Z S. 42
Zahl
Zeit
Zerstörung
Zocker
Zufall
Zukunft

Zeichnungen:

Cover Bleistiftzeichnungen rotumrandet 2021

S.6 Tuschestift 2023

Ab dann Tuschzeichnungen mit Pinsel von:

S. 8 2021

S.10 2021

S. 12 1986

S. 14 a und b 2023

S. 17 1987

S. 21, 23 und 25 2023

S. 28 2021

S. 32 2023

S. 34 a 2023, 34 b 2021

S. 35, 37, 41 und 51 2023